Inhalt

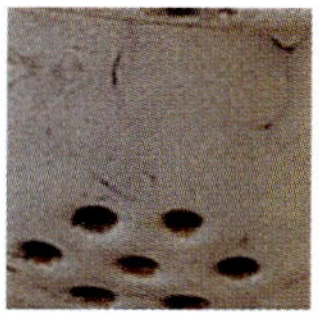

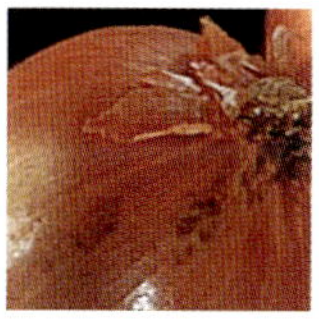

Einfach Etwas aufwendiger Anspruchsvoll

Rinderschmorbraten in Dillsauce

Zu diesem besonders schonend geschmorten Braten in cremiger Dillsauce passen am besten neue Kartoffeln und frisches Gemüse.

Vorbereitungszeit: ***25 Minuten***
Zubereitungszeit: ***2 Stunden 15 Minuten***
Für 4 Personen

Öl, zum Braten
1 kg Rollbraten vom Rind (Roastbeef, Hüfte oder Schwanzstück)
1 große Karotte, geviertelt und in 4 cm dicke Stücke geschnitten
3 Zwiebeln, geviertelt
1 Selleriestange, in 4 cm dicke Scheiben geschnitten
1 große Knoblauchzehe, geviertelt
600 ml Rinder- oder Kalbsfond (siehe Seite 63)
Salz und frisch gemahlener schwarzer Pfeffer
1 kleines Lorbeerblatt
35 g Butter
30 g Mehl
150 g saure Sahne (siehe Tip)
1 EL frischer Dill, gehackt oder 1 TL getrocknete Dillspitzen

1 Den Backofen auf 180 °C (Gasherd: Stufe 2) vorheizen. Auf dem Herd ein wenig Öl in einer feuerfesten Kasserolle (2,5 l Fassungsvermögen) erhitzen.

2 Das Fleisch in der Kasserolle von allen Seiten anbraten, dann auf einen Teller geben. Die Temperatur reduzieren, Karotte, Zwiebeln und Sellerie in die Form geben und unter häufigem Wenden anbräunen. Knoblauch zufügen, das Fleisch auf das Gemüse geben und den Fond darüber gießen, bis das Fleisch etwa zur Hälfte bedeckt ist. Mit Salz und Pfeffer würzen und das Lorbeerblatt zufügen. Zum Kochen bringen, dann die Temperatur reduzieren, mit Backpapier abdecken und den Deckel auf die Kasserolle legen. Entweder auf der Herdplatte sieden lassen oder im Ofen backen, dabei das Fleisch alle 30 Minuten wenden. Nach 1 1/2 Stunden das Fleisch mit einem scharfen Messer einstechen – wenn es noch nicht zart genug ist, weitere 15–30 Minuten schmoren lassen.

3 Für die Sauce die Butter in einer Pfanne zerlassen, das Mehl zugeben und bei geringer Hitze köcheln lassen, bis die Mischung eine goldbraune Farbe annimmt. Vom Herd nehmen und abkühlen lassen.

4 Das Fleisch aus der Form nehmen, auf einen Teller geben und mit dem Backpapier abdecken, um die Feuchtigkeit zu bewahren. 600 ml der Bratenflüssigkeit durch ein Sieb gießen, Gemüse und Lorbeerblatt entfernen und das Fett von der Oberfläche abschöpfen.

5 Nach und nach den Großteil der abgemessenen Bratenflüssigkeit in die Butter-Mehl-Mischung rühren, bis die Sauce glatt ist. Wieder auf den Herd stellen, sanft erhitzen, bis die Sauce leicht andickt, dann bei erhöhter Temperatur unter ständigem Rühren aufkochen lassen. Ca. 3 Minuten köcheln lassen, bis die Sauce einzukochen beginnt. Die saure Sahne unterrühren und die Sauce weitere 3 Minuten bei geringer Hitze weiterkochen lassen, bis sie so dickflüssig ist, daß sie an einem Löffelrücken haftet. Den Dill unterrühren, salzen, pfeffern und zudecken.

6 Die Schnur des Bratens entfernen und das Fleisch in dünne Scheiben schneiden, dann die verbleibende Bratenflüssigkeit darüber geben, um die Feuchtigkeit zu bewahren. Etwas Sauce in eine andere Kasserolle oder eine flache Schüssel geben, das Fleisch darin anrichten und mit der restlichen Sauce bedecken. Einen Deckel darauf legen und vor dem Servieren fünf Minuten warm stellen.

Tip Für eine kalorienärmere Sauce statt saurer Sahne Crème fraîche verwenden.

Gebackenes Pilzrisotto

Traditionell wird ein Risotto auf der Herdplatte unter ständigem Rühren zubereitet. Die gebackene Variante ist weniger aufwendig und bewahrt doch den typischen Geschmack dieses Klassikers.

Vorbereitungszeit: ***15 Minuten + 2 Stunden Einweichzeit***
Zubereitungszeit: ***1 Stunde***
Für 6 Personen

15 g getrocknete Morcheln oder andere Trockenpilze
875 ml Hühner- (siehe Seite 63) oder Gemüsebrühe
60 g Butter
1 Zwiebel, feingehackt
1 Knoblauchzehe, feingehackt
200 g Steinpilze, in dicke Scheiben geschnitten
220 g Arborio-Reis (italienischer Langkornreis)
4 EL trockener Sherry
Salz und Pfeffer
1 Zweig frischer Rosmarin
2–3 TL Parmesan, feingerieben
Salz und frisch gemahlener schwarzer Pfeffer
2 TL Parmesan, grobgerieben

1 Die getrockneten Pilze in eine tiefe Schüssel geben und die kochende Brühe darüber gießen. 2 Stunden einweichen lassen, dann durch ein feines Sieb geben, die Flüssigkeit aufbewahren. Die Pilze fein hacken. Den Ofen auf 150 °C (Gasherd: Stufe 1–2) vorheizen. Eine 6 cm tiefe, feuerfeste Auflaufform (1,75 l Fassungsvermögen) im Ofen vorwärmen.

2 Die Butter in einem Topf zerlassen, Zwiebel und Knoblauch zugeben und 7 Minuten leicht andünsten. Die getrockneten Pilze zusammen mit den frischen Pilzen einrühren. Weitere 15 Minuten sanft kochen lassen. Reis zugeben und 1 Minute rühren. Die zurückbehaltene Einweichflüssigkeit zufügen, dabei eventuell vorhandenen Bodensatz in der Schüssel lassen. Den Sherry einrühren, mit Salz und Pfeffer würzen und den Rosmarinzweig zugeben. Die Temperatur erhöhen und, sobald Blasen an die Oberfläche steigen, das Risotto in die vorgewärmte Auflaufform geben. Auf mittlerer Schiene ungefähr 15 Minuten backen. Dann den feingeriebenen Parmesan einrühren und weitere 20 Minuten backen.

3 Das Risotto aus dem Ofen nehmen und sofort umrühren. Den Rosmarinzweig entfernen, nach Geschmack mit Salz und frisch gemahlenem Pfeffer würzen. Den grobgeriebenen Parmesan über das Risotto streuen und sofort servieren.

Fischpfanne »Dugléré«

Seinen Namen verdankt dieses Gericht Adolphe Dugléré, einem berühmten französischen Küchenchef des neunzehnten Jahrhunderts.

Vorbereitungszeit: ***45 Minuten***
Zubereitungszeit: ***55 Minuten***
Für 4 Personen

40 g Butter
1 kleine Zwiebel, feingehackt
2 TL Schalotten, feingehackt
Salz und Pfeffer
4 Plattfisch-Filets (z. B. Glattbutt, Steinbutt, Flunder oder Seezunge), à 185–250 g
185 ml trockener Weißwein
1 kg geschälte Tomaten, entkernt und zerkleinert
3 EL Crème double
60 g Butter, tiefgekühlt und in Würfel geschnitten
1 EL frische Petersilie, feingehackt
Salz und frisch gemahlener schwarzer Pfeffer

1 Eine große Pfanne mit Butter ausreiben. Zwiebel und Schalotten hineingeben und mit wenig Salz und Pfeffer würzen. Die Fischfilets darauf legen und den Wein zugießen. Mit gefettetem Backpapier abdecken. Bei mittlerer Hitze ca. 5–10 Minuten sieden lassen, bis das Fischfleisch weiß ist und bei leichtem Druck zerfällt. Das Backpapier entfernen, den Fisch auf einen Teller geben und zugedeckt warm stellen.

2 Die zerkleinerten Tomaten in die Pfanne geben, zum Kochen bringen und so lange kochen lassen, bis die Flüssigkeit fast vollständig verdampft ist. Dann die Crème double zufügen und wieder aufkochen lassen. Unter ständigem Umrühren die Butterwürfel zugeben. Sobald die gesamte Butter zerlassen ist, die Pfanne vom Herd nehmen und die gehackte Petersilie einrühren. Die Sauce nicht wieder aufkochen lassen.

3 Aus dem gekochten Fisch ausgetretene Flüssigkeit in die Tomatensauce geben. Die Sauce nach Geschmack mit Salz und frisch gemahlenem Pfeffer würzen, über den Fisch geben und sofort servieren.

Geschmortes Huhn mit Pilzen und Zwiebeln

Zwiebeln, Pilze und Speck verleihen diesem Hühnertopf sein besonderes Aroma. Während das Gericht langsam im Ofen schmort, bleibt Ihnen Zeit für andere Dinge.

Vorbereitungszeit: ***25 Minuten***
Zubereitungszeit: ***1 Stunde 20 Minuten***
Für 4–6 Personen

12 Silberzwiebeln
60 g durchwachsener Speck ohne Schwarte, in 1 cm breite Streifen geschnitten
Wasser
80 g Butter (vorzugsweise geklärt, siehe Tip Seite 48)
1 Huhn (1,5 kg), in 8 Teile zerlegt (siehe Seite 62)
100 g frische Pilze (z. B. Champignons), ganz oder geviertelt (je nach Größe)
30 g Mehl
600 ml Hühnerbrühe (siehe Seite 63)
1 Bouquet garni (siehe Seite 63)
Salz und Pfeffer
frische Petersilie, gehackt, zum Garnieren

1 Den Ofen auf 170 °C (Gasherd: Stufe 2) vorheizen. Die Zwiebeln und die Speckstreifen in eine kleine Pfanne geben, mit kaltem Wasser bedecken und zum Kochen bringen. Abgießen und mit kaltem Wasser abspülen. 60 g Butter in einer tiefen feuerfesten Kasserolle (2,5 l Fassungsvermögen) zerlassen. Die Hühnerteile mit der Haut nach unten zugeben und 10 Minuten braten, bis sie braun sind. Aus der Kasserolle nehmen und mit Küchenpapier trockentupfen.

2 Das überschüssige Fett bis auf ca. 2 Teelöffel abgießen. Speck, Zwiebeln und die Pilze hineingeben, 3 Minuten anbraten, bis sie leicht gebräunt sind, dann auf einen Teller geben. Die übrige Butter in der Kasserolle zerlassen, das Mehl zugeben und unter Rühren 3 Minuten erhitzen, bis die Mischung eine goldbraune Farbe annimmt. Nach und nach die Hühnerbrühe zugeben und ständig rühren, bis die Sauce gleichmäßig erhitzt und glatt ist. Nicht kochen lassen.

3 Hühnerteile zusammen mit dem Bouquet garni wieder in die Kasserolle legen, salzen, pfeffern und den Speck, die Zwiebeln und die Pilze darüber geben. Zum Sieden bringen, die Kasserolle verschließen und 45 Minuten im Ofen backen, bis das Fleisch zart ist. Zur Probe einstechen, der austretende Saft darf nicht mehr rosa, sondern muß klar sein.

4 Die Hühnerteile auf einem Vorlegeteller anrichten, mit einem Schaumlöffel den Speck und das Gemüse aus der Kasserolle nehmen, über dem Fleisch verteilen und das Gericht warm stellen. Die Sauce eindicken lassen, abschmecken und über das Huhn geben. Mit Petersilie bestreuen und mit Reis, Nudeln, Klößen oder gekochten Kartoffeln servieren.

»Navarin« vom Lamm

Dieses berühmte Lamm-Kartoffel-Ragout wird seit über einhundertachtzig Jahren zubereitet und verdankt seinen Namen einer besonderen Zutat: der weißen Rübe – französisch »Navet«. Welches Gemüse Sie darüber hinaus verwenden, bleibt Ihrem persönlichen Geschmack überlassen.

Vorbereitungszeit: ***45 Minuten***
Zubereitungszeit: ***2 Stunden***
Für 4 Personen

1 kg Lammschulter, entbeint
4 EL Öl
40 g Butter
1 große Zwiebel, feingehackt
1 EL Tomatenmark
2 große geschälte Tomaten, entkernt und zerkleinert
3 Knoblauchzehen, gehackt
1 EL Mehl
1,5 l kochendes Wasser
1 Bouquet garni (siehe Seite 63)
Salz und Pfeffer
150 g Erbsen, geschält
Salzwasser
1 große Karotte, in 5 cm breite Stücke geschnitten
2 weiße Rüben, geschält und geviertelt
12 neue Kartoffeln
1 EL frische Petersilie, gehackt

1 Den Backofen auf 200 °C (Gasherd: Stufe 3) vorheizen. Das Fleisch von überschüssigem Fett befreien und in 2,5 cm große Würfel schneiden. Öl in einer Pfanne erhitzen und das Fleisch darin anbräunen. Aus der Pfanne nehmen, das Öl abtropfen lassen und beiseite legen.

2 In einer feuerfesten Kasserolle (3 l Fassungsvermögen) die Butter zerlassen und darin die Zwiebel glasig dünsten. Tomatenmark zufügen, bei mittlerer Hitze 2 Minuten köcheln lassen. Tomaten zugeben und weitere 3 Minuten kochen lassen. Knoblauch und die Lammstücke samt Bratensaft zufügen und mit Mehl bestäuben. 5 Minuten im Ofen backen.

3 Die Kasserolle aus dem Ofen nehmen. Auf dem Herd bei mittlerer Hitze das Mehl, dann nach und nach das kochende Wasser einrühren. Einige Minuten köcheln lassen, den Schaum abschöpfen, das Bouquet garni zufügen, nach Geschmack salzen und pfeffern, abdecken und wieder in den Ofen stellen. 1 Stunde backen lassen. In einem großen Topf mit Salzwasser die Erbsen 3 Minuten kochen lassen. Abgießen, mit kaltem Wasser abschrecken, abspülen und zur Seite stellen.

4 Die Kasserolle aus dem Backofen nehmen. Auf der Herdplatte bei mittlerer Temperatur Karotte, Rüben und Kartoffeln zugeben, 15 Minuten kochen lassen, dann die Erbsen zufügen. Weiter kochen lassen, bis Fleisch und Kartoffeln zart sind. Das Bouquet garni entfernen, kurz vor dem Servieren die Petersilie einrühren.

Steaks mit Schalotten, Crème fraîche und Anchovis

Diese saftigen Rindersteaks in einer cremigen, mit einem Schuß Weinbrand verfeinerten Anchovissauce sind ein schnell zubereitetes und doch erlesenes Abendessen.

Vorbereitungszeit: ***10 Minuten + 15 Minuten Einweichzeit***
Zubereitungszeit: ***10 Minuten***
Für 4 Personen

6 Anchovisfilets
125 ml Milch
1 EL Öl
4 Lendensteaks vom Rind, à 175 g
30 g Butter
3 Schalotten, feingehackt
1 EL Weinbrand
125 ml Crème fraîche
3 EL Rinder- oder Kalbsfond (siehe Seite 63)
frisch gemahlener schwarzer Pfeffer

1 Die Anchovisfilets in eine kleine Schüssel geben und mit der Milch bedecken. 15 Minuten ruhen lassen, dann abgießen. Die Milch gut abspülen und die Filets fein hacken. Öl in einer großen gußeisernen Pfanne stark erhitzen. Die Steaks hineingeben und von beiden Seiten ca. 2 Minuten braten (innen rosa). Aus der Pfanne nehmen und warm stellen.

2 Butter zerlassen und Schalotten zugeben. 2–3 Minuten unter Rühren glasig dünsten. Den Weinbrand einrühren und 30 Sekunden kochen lassen, dann die Pfanne vom Herd nehmen. Crème fraîche, die gehackten Anchovis, den Fond und etwas frisch gemahlenen Pfeffer zufügen. Gut umrühren, dann die Pfanne wieder auf den Herd stellen und die Sauce ca. 2 Minuten köcheln lassen. Vom Herd nehmen.

3 Zum Servieren die Steaks auf vier vorgewärmten Tellern anrichten und die heiße Sauce darüber geben.

Tip Statt der Lendensteaks können auch Filetsteaks oder dünne Scheiben Rumpsteak verwendet werden.

Scharfer Kichererbsen-Eintopf

Genau das Richtige für kalte Wintertage ist dieser delikate Eintopf mit Chili, Paprika und Tomaten – und das nicht allein für Vegetarier.

Vorbereitungszeit: ***20 Minuten + 1 Nacht Einweichzeit***
Zubereitungszeit: ***1 Stunde 40 Minuten***
Für 4–6 Personen

275 g getrocknete Kichererbsen
Wasser, zum Einweichen
2 EL Olivenöl
1 große Zwiebel, gehackt
3 Knoblauchzehen, gepreßt
1/2–1 TL rotes Chilipulver
1 große gelbe Paprika, zerkleinert
1 große rote Paprika, zerkleinert
400 g Dosentomaten, zerkleinert
250 ml Gemüsebrühe
3 EL frische glatte Petersilie, gehackt

1 Die Kichererbsen in eine Schüssel geben und mit reichlich kaltem Wasser bedecken. Über Nacht einweichen lassen, dann abgießen. In einem großen Topf Wasser zum Kochen bringen und die Kichererbsen darin ca. 1 Stunde weich kochen. Gut abtropfen lassen.

2 Öl in einem großen Topf erhitzen und die Zwiebel darin bei mittlerer Hitze ca. 5 Minuten andünsten, bis sie goldfarben ist. Gepreßte Knoblauchzehen zugeben und 1 Minute andünsten.

3 Chilipulver einrühren, die zerkleinerten Paprika zufügen und unter gelegentlichem Rühren ca. 5 Minuten köcheln lassen, bis die Paprikastücke weich sind. Tomaten, Gemüsebrühe und Kichererbsen zugeben und zum Kochen bringen.

4 Die Temperatur reduzieren und den Eintopf 25 Minuten sieden lassen, bis die Sauce leicht eindickt. Kurz vor dem Servieren die Petersilie unterrühren.

Hirschragout

Hirschfleisch hat einen unverwechselbaren Geschmack. Hier wird es behutsam mit Zwiebeln, Champignons und Knoblauch in Rotwein gekocht und mit Johannisbeergelee und Wacholderbeeren verfeinert.

Vorbereitungszeit: ***30 Minuten***
Zubereitungszeit: ***2 Stunden***
Für 4 Personen

750 g Schmorbraten vom Hirsch, ohne Knochen oder 2 kg Hirschkoteletts
185 g Silberzwiebeln
Wasser
2 EL Olivenöl
250 g Champignons
1 Knoblauchzehe, gepreßt
1 EL Mehl
250 ml Rotwein
250 ml Wasser
Salz
1 EL rotes Johannisbeergelee
6 Wacholderbeeren, gepreßt
Salz und frisch gemahlener schwarzer Pfeffer

1 Den Backofen auf 170 °C (Gasherd: Stufe 2) vorheizen. Wenn Sie ein Bratenstück verwenden, das Fleisch in 4 cm dicke Scheiben schneiden.

2 Die Zwiebeln in einen kleinen Topf geben, mit kaltem Wasser bedecken. Zum Kochen bringen, die Hitze reduzieren, 2 Minuten köcheln lassen, dann abgießen und abtropfen lassen. In einer feuerfesten Kasserolle (2,5 l Fassungsvermögen) das Öl stark erhitzen. Die Fleischscheiben jeweils von beiden Seiten 1–2 Minuten anbraten. Fleisch herausnehmen und warm stellen.

3 Die Zwiebeln in die Kasserolle geben und im Öl schwenken, bis sie leicht angebräunt sind. Champignons und Knoblauch zufügen und 1 Minute andünsten. Mehl einstreuen und unter ständigem Umrühren 1 Minute kochen lassen. Rotwein, Wasser und etwas Salz zugeben und zum Kochen bringen. Das Fleisch dazugeben, die Kasserolle abdecken und 1 1/2 Stunden im Ofen backen.

4 Die Kasserolle aus dem Backofen nehmen, den Bratensaft in einen kleinen Topf abgießen. Aufkochen und etwa 1 Minute einkochen lassen, Johannisbeergelee und Wacholderbeeren unterrühren und erneut aufkochen lassen. Nach Wunsch mit Salz und Pfeffer würzen, dann die Sauce über das Fleisch geben und erneut 15 Minuten im Ofen backen. Das Ragout heiß servieren.

»Cioppino«

Diese maritime Köstlichkeit wurde in San Francisco von italienischen Einwanderern kreiert und schmeckt vorzüglich mit frischem, knusprigem Weißbrot.

Vorbereitungszeit: ***45 Minuten***
Zubereitungszeit: ***35 Minuten***
Für 6–8 Personen

750 ml Weißwein
2 Zwiebeln, feingehackt
2 Lorbeerblätter
4 Zweige frischer Thymian
1 kg Miesmuscheln, gebürstet und entbartet
30 g frisches Basilikum
4 EL Olivenöl
1 grüne Paprika, zerkleinert
1 Selleriestange, zerkleinert
1 Karotte, zerkleinert
4 Knoblauchzehen, gehackt
2 EL Tomatenmark
1,2 kg Dosentomaten, zerkleinert
500 g Hummerschwänze
500 g Weißfischfilets (Maräne, Felchen)
500 g Krabben
500 g Kammuscheln
1 kg rohe Riesengarnelen, mit Panzer
4 Knoblauchzehen, feingehackt
2 EL Olivenöl, extra vergine
Salz und Pfeffer

1 Wein, eine Zwiebel, ein Lorbeerblatt, zwei Thymianzweige und die Miesmuscheln in eine Pfanne geben. Zudecken und fünf Minuten kochen lassen. Die Muscheln aus der Pfanne schöpfen, die, die sich nicht geöffnet haben, entfernen, den Sud aufbewahren.
2 Die Basilikumblätter von den Stielen trennen und zur Seite legen. Stiele, den restlichen Thymian und das zweite Lorbeerblatt zu einem Kräuterbündel zusammenschnüren.
3 Öl in einem großen Topf erhitzen und die zweite Zwiebel, Paprika, Sellerie, Karotte und Knoblauch 3 Minuten darin dünsten. Tomatenmark zugeben und weitere 2 Minuten unter Rühren köcheln lassen. Tomaten, das Kräuterbündel und die Kochflüssigkeit der Muscheln zufügen und zum Kochen bringen. Bei verminderter Temperatur 10 Minuten sieden lassen.
4 Unterdessen die Hummerschwänze in drei oder vier und den Fisch in mundgerechte Stücke teilen, die Krabben mit einem Nußknacker aufbrechen. Die Muscheln aus der Schale lösen. Die Garnelen schälen, den Darm entfernen, dabei den Schwanz intakt lassen.
5 Das Kräuterbündel aus dem Topf nehmen, dann alle Meeresfrüchte außer den Muscheln zugeben. 10 Minuten sieden lassen, die Muscheln zufügen und erhitzen.
6 Für die Sauce die Basilikumblätter klein hacken mit Knoblauch und Olivenöl mischen, salzen, pfeffern und in den Topf einrühren.

Kaninchen-Topf mit Champignons

Kaninchenfleisch ist sehr mager. In einer feinen Weißweinsauce mit Champignons, Schalotten und Tomaten zubereitet und mit frischen Kräutern abgerundet, ist dieser delikate Schmortopf ein Muß für besondere Anläße.

Vorbereitungszeit: ***25 Minuten***
Zubereitungszeit: ***1 Stunde 20 Minuten***
Für 4 Personen

1,8 kg Kaninchen, in 8 Teile zerlegt
Salz und Pfeffer
80 g Butter
130 g Champignons, in Scheiben geschnitten
2 Schalotten, gehackt
250 ml Weißwein
3 große geschälte Tomaten, entkernt und zerkleinert
500 ml Rinder- oder Kalbsfond (siehe Seite 63)
1 Bouquet garni (siehe Seite 63)
1–2 TL frischer Estragon, gehackt
1 EL frischer Kerbel, gehackt

1 Den Backofen auf 180 °C (Gasherd: Stufe 2) vorheizen, das Kaninchenfleisch salzen und pfeffern. Die Hälfte der Butter in einer großen feuerfesten Kasserolle (3 l Fassungsvermögen) bei mittlerer Hitze zerlassen und die Fleischstücke darin nacheinander anbräunen. Das Fleisch aus der Kasserolle nehmen und zur Seite stellen. Die Butter abgießen, die Kasserolle wieder auf den Herd stellen und die restliche Butter hineingeben. Die Champignons 3 Minuten anbraten, dann die Schalotten zufügen. Nach 3 Minuten den Wein zugießen und weitere 3 Minuten kochen lassen, bis der Großteil der Flüssigkeit verdampft ist.

2 Die Tomaten zugeben, unter Rühren zum Kochen bringen, dann die Temperatur reduzieren und 10 Minuten sieden lassen. Fond und Bouquet garni zugeben und aufkochen lassen. 5 Minuten kochen lassen, Schaum und Fett von der Oberfläche abschöpfen.

3 Kaninchenteile wieder in die Kasserolle legen und zum Sieden bringen. Mit Deckel 20–25 Minuten im Ofen backen. Das Fleisch ist gar, wenn es sich mühelos vom Knochen lösen läßt. Die Teile auf einem Vorlegeteller anrichten, abdecken und warm stellen. Die Kasserolle auf eine Herdplatte stellen und das Bouquet garni entfernen. Die Sauce zum Kochen bringen, 5–10 Minuten eindicken lassen, dabei überschüssiges Fett abschöpfen.

4 Den gehackten Estragon und Kerbel unterrühren, dann die Sauce über das Kaninchenfleisch geben. Sofort servieren.

Rind nach flämischer Art

Die kulinarische Tradition der Flamen ließ eine ebenso deftige wie feine Küche entstehen. Bei diesem Gericht werden Rindfleisch und Zwiebeln in einer Mischung aus Bier und Zucker gegart.

Vorbereitungszeit: ***30 Minuten***
Zubereitungszeit: ***3 Stunden***
Für 4 Personen

1 kg Nackensteak vom Rind oder Roastbeef, in acht 1 cm dicke Scheiben geschnitten
Salz und Pfeffer
3 EL Schweineschmalz oder Öl
4 kleine Zwiebeln, in dünne Ringe geschnitten
3 EL Mehl
1 EL Tomatenmark
1 l Bier
1 Bouquet garni (siehe Seite 63)
3 Wacholderbeeren
1 EL Zucker
$1^1/_4$ l Rinder- oder Kalbsfond (siehe Seite 63)

1 Den Ofen auf 180 °C (Gasherd: Stufe 2) vorheizen. Die Fleischscheiben mit Salz und Pfeffer würzen. Öl oder Schmalz in einer großen feuerfesten Kasserolle (3 l Fassungsvermögen) zergehen lassen und die Fleischscheiben darin bei hoher Hitze anbraten, bis sie gleichmäßig angebräunt sind. Aus der Kasserole nehmen und beiseite stellen. Die Temperatur reduzieren, Zwiebeln in die Kasserolle geben und 5–10 Minuten zart und goldbraun dünsten.

2 Mehl und Tomatenmark zugeben und unter Rühren ca. 3 Minuten bei geringer Hitze köcheln lassen. Nach und nach Bier, Bouquet garni, Wacholderbeeren und Zucker zufügen und aufkochen lassen, dabei ständig umrühren. Den Fond zugeben, erneut aufkochen lassen. Das Fleisch zufügen und 5 Minuten sieden lassen. Schaum von der Oberfläche abschöpfen. Mit Deckel $1^1/_2$ – 2 Stunden im Ofen backen.

3 Das Fleisch aus der Kasserolle nehmen, abdecken und zur Seite stellen. Die Sauce auf einer Herdplatte zum Kochen bringen, Schaum abschöpfen. Ca. 10 Minuten eindicken lassen, bis sie an einem Löffelrücken haften bleibt. Die Fleischscheiben auf einem Vorlegeteller anrichten, die Sauce kurz vor dem Servieren darüber geben.

Kalbsnieren in Weißweinsauce

Dieses Gericht vereint gleich zwei Vorzüge: Es ist einfach zuzubereiten und schmeckt auch noch unwiderstehlich. Außerdem können Sie es mit Senf oder Sahne verfeinern oder mit zusätzlichen Kräutern ganz nach Ihrem persönlichen Geschmack abstimmen.

Vorbereitungszeit: ***25 Minuten***
Zubereitungszeit: ***25 Minuten***
Für 4 Personen

3 Kalbsnieren (ohne äußere Fettschicht)
60 g Butter
4 Schalotten, feingehackt
250 ml Weißwein
500 ml Rinder- oder Kalbsfond (siehe Seite 63)
Salz und Pfeffer
1 EL frische Petersilie, gehackt

1 Die Nieren halbieren und die Kernstücke entfernen. Die Nieren in mundgerechte Stücke schneiden. 40 g Butter in einer feuerfesten Kasserolle (2,5 l Fassungsvermögen) bei großer Hitze zerlassen und die Nieren darin nicht länger als 2–3 Minuten anbraten. Aus der Kasserolle nehmen und warm stellen.

2 Die restliche Butter bei mittlerer Temperatur in der Kasserolle zerlassen. Die Schalotten zugeben, glasig dünsten, ohne sie anzubräunen, dann mit dem Wein ablöschen und köcheln lassen, bis die Flüssigkeit fast vollständig verdampft ist. Den Fond zugeben und weiter kochen lassen, bis die Sauce so dickflüssig ist, daß sie an einem Löffelrücken haften bleibt. Nach Geschmack mit Salz und Pfeffer würzen. Die Nieren zugeben und 1 Minute lang erhitzen, nicht aufkochen lassen. Vom Herd nehmen, die Petersilie einrühren und servieren.

Tip Geben Sie vor dem Würzen einen Eßlöffel Senf in die Sauce, oder ersetzen Sie den Fleischfond durch Sahne – mit oder ohne Senf.

Weiße-Bohnen-Eintopf mit Würstchen

Getrocknete weiße Bohnen haben einen hohen Gehalt an Proteinen, Kalzium und Eisen. Mit Mettwürstchen und einer sahnigen Kräutersauce kombiniert, entsteht eine komplette Mahlzeit.

Vorbereitungszeit: ***25 Minuten***
Zubereitungszeit: ***1 Stunde 30 Minuten***
Für 4 Personen

375 g getrocknete weiße Bohnen
1 kleine Zwiebel, gewürfelt
1 kleine Karotte, gewürfelt
1 kleine Selleriestange, gewürfelt
1 Zweig frischer Thymian
1 Zweig frischer Rosmarin
1 TL schwarze Pfefferkörner
1 1/2 l kaltes Wasser
Öl, zum Braten
4 Mettwürstchen
3 EL Crème double
frische Petersilie, gehackt, zum Garnieren

FÜR DIE KRÄUTERBUTTER
1 Knoblauchzehe, grobgehackt
1 EL frische Petersilie, gehackt
1 EL frischer Rosmarin
1 EL frischer Thymian
120 g weiche Butter
Salz und Pfeffer

1 Bohnen, Gemüse, Thymian und Rosmarin in eine große feuerfeste Kasserolle (3 l Fassungsvermögen) geben. Pfefferkörner (in ein Stück Tuch gewickelt) und Wasser zufügen. Zum Kochen bringen, dann bei geringer Temperatur 55 Minuten sieden lassen.

2 Für die Kräuterbutter Knoblauch, Petersilie, Rosmarin, Thymian und Butter entweder mit Mörser und Stößel oder in einem Mixer pürieren, bis die Mischung glatt ist. Nach Geschmack mit Salz und Pfeffer würzen und zur Seite stellen.

3 Den Backofen auf 180 °C (Gasherd: Stufe 2) vorheizen. Wenig Öl in einer Pfanne erhitzen und die Würstchen darin anbraten, bis sie gebräunt sind. Diagonal in jeweils 4 Stücke schneiden und zu den gekochten Bohnen geben. Mit Deckel 30 Minuten im Ofen backen, bis die Bohnen weich sind. Sind sie nicht vollständig mit Flüssigkeit bedeckt, etwas kaltes Wasser zufügen.

4 Die Würstchen aus der Kasserolle nehmen und beiseite legen. Kräuter und Pfeffer entfernen, dann die Kräuterbutter und die Crème double unterrühren. Die Würstchen auf dem Eintopf anrichten, mit gehackter Petersilie bestreuen und servieren.

Rinderschmortopf mit Kräuter-Scones

»Scones« sind ein berühmtes englisches Gebäck. Hier krönen sie goldbraun einen schmackhaften Schmortopf aus zartem Rindfleisch und Pilzen.

Vorbereitungszeit: ***30 Minuten***
Zubereitungszeit: ***2 Stunden***
Für 4–6 Personen

2 EL Olivenöl
750 g Nackensteak vom Rind oder Rinderschmorbraten, in 2,5 cm großen Würfeln
2 Zwiebeln, in dünne Scheiben geschnitten
1 Knoblauchzehe, gepreßt
1 EL Mehl
200 ml Rotwein
200 ml Wasser
1 TL Tomatenmark
Salz und frisch gemahlener schwarzer Pfeffer
250 g Steinpilze, geviertelt

FÜR DIE KRÄUTER-SCONES
250 g Mehl
2 TL Backpulver
1/4 TL Salz
60 g Butter, gefroren und in Würfel geschnitten
1 EL frische Kräuter, gehackt, z. B. Petersilie, Rosmarin oder Thymian
120 ml Buttermilch (siehe Tip)
1 Ei, geschlagen

1 Den Backofen auf 150 °C (Gasherd: Stufe 1–2) vorheizen. Das Öl in einer feuerfesten Kasserolle (2,5 l Fassungsvermögen) stark erhitzen. Die Fleischwürfel von allen Seiten 6–8 Minuten darin anbraten, dann aus der Pfanne nehmen und beiseite stellen.

2 Zwiebeln und Knoblauch in der Kasserolle 2 Minuten anbraten. Das Mehl darüber streuen und unterrühren, nicht anbrennen lassen. Die Mischung ca. 1 Minute unter ständigem Umrühren goldbraun werden lassen. Nach und nach den Wein, Wasser und Tomatenmark unterrühren und mit Salz und Pfeffer würzen. Rühren, bis der Sud dickflüssig wird, Fleischwürfel und Pilze zugeben, aufkochen lassen und umrühren. Mit Deckel 1 1/2 Stunden entweder auf der Herdplatte schmoren oder im Backofen backen.

3 Mit der Zubereitung der Scones erst 10 Minuten, ehe das Fleisch fertig ist, beginnen. Das Mehl und das Backpulver in eine große Schüssel sieben und mit Salz mischen, dann die Butter zufügen und mit den Fingerspitzen rasch vermengen. Sobald der Teig krümelig ist, die Kräuter untermischen. Die Buttermilch unterziehen, bis das Mehl aufgelöst ist und sich der Teig zu großen Klumpen formt. Dann zügig zu einem Teigball formen. Auf einer leicht bemehlten Oberfläche rasch kneten, bis der Teig geschmeidig ist. Ungefähr 1,5 cm dick ausrollen oder mit der Handfläche flachklopfen, dann mit einer Ausstechform (Durchmesser 5 cm) ca. 10 Scheiben ausstechen.

4 Die Kasserolle aus dem Backofen bzw. vom Herd nehmen, die Ofentemperatur auf 200 °C (Gasherd: Stufe 3) erhöhen. Die Scones auf dem Braten verteilen und ihre Oberflächen mit dem geschlagenen Ei bepinseln. Auf der oberen Schiene unbedeckt 12 Minuten backen, bis die Scones aufgegangen sind und eine goldbraune Farbe angenommen haben.

Tip Statt der Buttermilch können Sie auch 120 ml frische Milch, mit einem Teelöffel Zitronensaft verrührt, verwenden.
Die Kräuter-Scones passen auch ausgezeichnet als Beilage zu anderen Schmorgerichten.

Paella

Der Name dieses klassischen spanischen Gerichts, das eine Vielzahl erlesener Zutaten vereint, stammt von der großen Pfanne, in der die Paella traditionell zubereitet und serviert wird.

Vorbereitungszeit: ***30 Minuten***
Zubereitungszeit: ***1 Stunde***
Für 4–6 Personen

3 EL Olivenöl
4 kleine Hähnchenschenkelfilets, gehäutet, jeweils in zwei lange Stücke geschnitten
1 große Zwiebel, in Ringe geschnitten
300 g Langkorn-Reis
3 geschälte Tomaten, entkernt und grobgehackt oder 250 g Dosentomaten, zerkleinert und abgetropft
2 Knoblauchzehen, gepreßt
550 ml Hühnerbrühe (siehe Seite 63) oder Gemüsebrühe
300 g Miesmuscheln, geputzt
8 rohe Riesengarnelen, mit Panzer
150 g Lachs, Kabeljau oder Schellfisch, in 3 cm große Stücke geschnitten
90 g Erbsen, tiefgefroren
80 g Chorizo (spanische Hartwurst), ersatzweise roher Schinken oder geräucherter Speck, in 5 mm feine Streifen geschnitten
1 rote Paprika, in 2,5 cm lange, dünne Scheiben geschnitten
2 Prisen Safran
Salz und Pfeffer
frische Petersilie, gehackt, zum Garnieren

1 In einer großen, tiefen, feuerfesten Pfanne oder einer speziellen Paella-Pfanne (Durchmesser 30–35 cm) das Öl erhitzen, die Hähnchenfilets hineingeben und bei mittlerer Hitze ca. 10 Minuten von allen Seiten goldbraun braten. Aus der Pfanne nehmen und beiseite stellen.

2 Die Temperatur reduzieren, dann die Zwiebel ca. 3–4 Minuten andünsten. Den Reis zugeben und unter Umrühren 2 Minuten mitdünsten lassen. Tomaten, Knoblauch und Brühe zufügen und zum Kochen bringen. Die Temperatur verringern und jeweils die Hälfte des Hähnchenfleisches, der Muscheln, der Garnelen und des Fisches zusammen mit den Erbsen, der Chorizo, der Paprika und dem Safran einrühren. Reichlich mit Salz und Pfeffer würzen.

3 Das übrige Fleisch und die restlichen Meeresfrüchte darauf geben und mit dem Deckel abdecken. Entweder bei geringer Hitze auf der Herdplatte oder im Backofen bei 160 °C (Gasherd: Stufe 1–2) 30 Minuten backen, bis der Reis weich und die Flüssigkeit komplett aufgenommen ist. Alle Muscheln, die sich nicht geöffnet haben, entfernen.

4 Die Paella während des Schmorens nicht umrühren, da der Fisch sonst in Stücke zerfällt. Ist die Flüssigkeit absorbiert, der Reis aber noch zu fest, noch etwas Wasser zufügen. Mit gehackter Petersilie garnieren und sofort servieren.

Tip Muscheln, die ungewöhnlich schwer erscheinen, aussortieren, da sie mit Sand gefüllt sein können.

Eintopf »Lancashire«

Bei diesem bekannten englischen Eintopf wird das Lammfleisch mitsamt den Knochen geschmort – wodurch sich der typische Lammgeschmack intensiviert.

Vorbereitungszeit: ***30 Minuten***
Zubereitungszeit: ***2 Stunden 20 Minuten***
Für 4 Personen

Butter, zum Einfetten
1 kg Nackenkotelett, vom Lamm
20 g Butter
900 g Kartoffeln, geschält
Salz und Pfeffer
2 große Zwiebeln, in feine Ringe geschnitten
2 Karotten, in 2 mm dicke Scheiben geschnitten
$^{1}/_{2}$ TL frischer Thymian, gehackt
1 Lorbeerblatt
400 ml Rinder- oder Kalbsfond (siehe Seite 63)
60 g Butter, zerlassen

1 Den Backofen auf 180 °C (Gasherd: Stufe 2) vorheizen. Eine feuerfeste Kasserolle (3,5 l Fassungsvermögen) mit etwas Butter einfetten. Überschüssiges Fett von den Koteletts entfernen, die Butter in einer Pfanne zerlassen und das Fleisch bei großer Hitze kurz anbraten, bis es leicht gebräunt ist und sich die Haut zusammenzieht. Die Koteletts aus der Pfanne nehmen und auf einen Teller legen.

2 Die Kartoffeln in 2 mm dünne Scheiben schneiden und den Boden der Kasserolle mit einem Drittel der Scheiben auslegen. Leicht salzen und pfeffern. Die Koteletts auf die Kartoffeln schichten, Zwiebeln, Karotten und Thymian darüber verteilen, erneut würzen und das Lorbeerblatt zugeben. Die übrigen Kartoffelscheiben sorgfältig darüber schichten. Den Fond vorsichtig von einer Seite langsam in die Kasserolle gießen, so daß die Flüssigkeit bis knapp unter die oberste Schicht Kartoffeln aufsteigt. Diese obere Schicht sollte nicht bedeckt werden. Reichlich mit zerlassener Butter bepinseln, erneut würzen. Mit Deckel auf mittlerer Schiene 1 $^{1}/_{2}$ Stunden backen.

3 Den Deckel abnehmen, etwas Fond oder Wasser zufügen, falls die Flüssigkeit bereits vollständig von den Kartoffeln aufgenommen wurde. Unbedeckt nochmals 45 Minuten backen, bis das Fleisch gar ist und die oberen Kartoffeln knusprig braun gebacken sind. Heiß zusammen mit Gemüse nach Wahl servieren.

Tip Die geschälten Kartoffeln erst im letzten Moment in Scheiben schneiden, da sie sich sonst verfärben. Die Scheiben auch nicht in kaltes Wasser geben, da dabei die Stärke verloren geht, die benötigt wird, um das Gericht zu binden.

Geschmorter Chicorée

Entgegen einem gängigen Vorurteil schmeckt Chicorée nicht nur als Salat, sondern auch geschmort hervorragend, wie dieses Gericht beweist.

Vorbereitungszeit: ***15 Minuten***
Zubereitungszeit: ***1 Stunde 30 Minuten***
Für 4 Personen

60 g Butter
4 Chicoréekolben
500 ml Hühnerbrühe (siehe Seite 63) oder Wasser
1 EL Zitronensaft
Salz und Pfeffer
1/2 TL Zucker
1 TL frische Petersilie, gehackt

1 Den Backofen auf 180 °C (Gasherd: Stufe 2) vorheizen. Eine Auflaufform mit einem Drittel der Butter einfetten. Die äußeren Blätter des Chicorées entfernen, die Wurzelenden abschneiden und die Strünke auslösen. Waschen und in die Form geben.
2 Brühe oder Wasser zusammen mit dem Zitronensaft zugeben, mit etwas Salz, Pfeffer und dem Zucker würzen und zum Kochen bringen. Vom Herd nehmen, mit einem Stück gefettetem Backpapier und Alufolie abdecken. Im Backofen ca. 1–1 1/4 Stunden backen. Die Chicoréekolben herausnehmen und abtropfen lassen; die Kochflüssigkeit bei großer Hitze so lange kochen, bis sie eine sirupähnliche Konsistenz angenommen hat. Vom Herd nehmen und warm stellen.
3 Den abgekühlten Chicorée in der Mitte mit Küchengarn locker zusammenbinden, damit er nicht auseinander fällt. Die restliche Butter in einer beschichteten Pfanne erhitzen und den Chicorée darin von allen Seiten anbräunen.
4 Das Garn entfernen, den Chicorée in einer Schüssel anrichten, die Sauce darüber geben und mit gehackter Petersilie bestreuen.

Tip Wickeln Sie, ehe Sie den Chicorée zusammenbinden (siehe Schritt 3), um jeden Kolben eine Scheibe Speck – so entsteht eine etwas deftigere Geschmacksnote.

Lachs-Steinbutt-Frikassee

Wenn Sie ein Hühner- oder Kalbsfrikassee schätzen, werden Sie sicher wissen wollen, wie ein Frikassee aus Fisch und Meeresfrüchten schmeckt!

Vorbereitungszeit: ***15 Minuten***
Zubereitungszeit: ***50 Minuten***
Für 4 Personen

100 g Butter
8 Kammuscheln, ohne Schale und dunklen Rand
8 rohe Riesengarnelen, geschält und ohne Darm
200 g Lachsfilet, in 8 Stücken
200 g Steinbutt- oder Seezungenfilet, in 8 Stücken
2 Schalotten, feingehackt
1 Karotte, in Julienne-Streifen geschnitten (siehe Tip)
1 Lauchstange, in Julienne-Streifen geschnitten
3 EL Weißwein
250 ml Sahne
Salz und frisch gemahlener schwarzer Pfeffer
2 EL frischer Schnittlauch, zerkleinert

1 20 g Butter bei großer Hitze in einer Bratpfanne zerlassen, die Muscheln darin leicht anbräunen, herausnehmen und auf Küchenpapier abtropfen lassen. Nacheinander ebenso die Garnelen, den Lachs und die Steinbutt- oder Seezungenfilets jeweils mit 20 g Butter anbräunen, herausnehmen und abtropfen lassen.

2 Die restliche Butter in einer großen feuerfesten Kasserolle (3 l Fassungsvermögen) bei geringer Hitze zerlassen. Schalotten zugeben und 2–3 Minuten leicht andünsten, ohne sie anzubräunen, dann Karotten- und Lauchstreifen zufügen. Mit Deckel bei geringer Hitze ca. 8 Minuten dünsten lassen. Wein zugießen und solange einkochen, bis ca. 1 TL Flüssigkeit übrigbleibt. Sahne einrühren und weitere 5 Minuten köcheln lassen. Vorsichtig die Meeresfrüchte unterheben, nach Geschmack mit Salz und Pfeffer würzen und 2–3 Minuten schmoren lassen. Von der Herdplatte nehmen und den Schnittlauch unterrühren. Sofort servieren.

Tip Statt Lachs kann auch jede andere Fischsorte mit festem Fleisch verwendet werden.
Julienne-Streifen sind gleichmäßig geschnittene Gemüsestreifen in Streichholzgröße. Auch Fleisch oder Trüffeln können »en Julienne« geformt werden.

Bœuf Stroganoff

Der Name des russischen Adligen bürgt für einen exquisiten Genuß.

Vorbereitungszeit: ***20 Minuten***
Zubereitungszeit: ***30 Minuten***
Für 4 Personen

3 EL Olivenöl
600 g Rinderfilet, in 5 x 1 cm große Streifen geschnitten
30 g Butter
3 große Schalotten, feingehackt
1 EL Paprikapulver
50 g Champignons, in dünne Scheiben geschnitten
1 1/2 EL Weißweinessig
2 1/2 EL Weinbrand
250 ml Hühnerbrühe (siehe Seite 63)
200 ml saure Sahne
20 g eingelegte Gewürzgurken, in Julienne-Streifen geschnitten (siehe Tip Seite 39)
20 g gekochte rote Bete, in Julienne-Streifen geschnitten

1 Das Öl in einer Pfanne stark erhitzen. Die Fleischstreifen darin 3–5 Minuten unter ständigem Umrühren leicht anbräunen. Aus der Pfanne nehmen und warm stellen.

2 Die Butter in der Pfanne zerlassen und die Schalotten darin 2 Minuten glasig dünsten. Nicht braun werden lassen. Das Paprikapulver langsam einrühren, die Champignons zugeben und bei starker Hitze trocken braten. Den Essig zufügen und ca. 1 Minute köcheln lassen, bis fast die gesamte Flüssigkeit verdampft ist. Den Weinbrand zugeben und zur Hälfte verkochen lassen, dann die Brühe zugießen und erneut so lange kochen lassen, bis die Flüssigkeit um die Hälfte reduziert ist. Schließlich die Hälfte der sauren Sahne und das Fleisch zugeben und erhitzen. Mit vegetarischem Pilaw servieren, mit der restlichen Sahne beträufeln und mit den Julienne-Streifen garnieren.

Vegetarischer Pilaw

Dieser farbenfrohe Gemüse-Reis ist die ideale Beilage zu Bœuf Stroganoff.

Vorbereitungszeit: ***10 Minuten***
Zubereitungszeit: ***30 Minuten***
Für 4–6 Personen

20 g Butter
1 Zwiebel, feingehackt
200 g Langkornreis
375 ml Hühnerbrühe (siehe Seite 63)
1/2 Karotte, geschält und gewürfelt
1 Bouquet garni (siehe Seite 63)
1 Zucchini, gewürfelt
50 g tiefgefrorene Babyerbsen, aufgetaut

1 Die Butter in einer großen gußeisernen Pfanne zerlassen und die Zwiebel darin ca. 1 Minute glasig dünsten. Den Reis zugeben und gut mit der Butter vermischen. Die Brühe zugießen, Karotte und Bouquet garni zugeben. Zum Kochen bringen, dann die Temperatur reduzieren und mit Deckel ca. 25 Minuten sieden lassen, bis der Reis die gesamte Flüssigkeit aufgenommen hat und gar ist. Das Bouquet garni entfernen.

2 Zucchini und Erbsen unter den Reis mischen. Zugedeckt 3–4 Minuten warm stellen, dann servieren.

Bœuf Stroganoff (unten links) mit vegetarischem Pilaw

»Blanquette« vom Kalb

Die Bezeichnung »Blanquette« geht auf das Wort »blanc«, »weiß«, zurück. Dieses klassische französische Gericht wird stets mit weißem, in klarer Brühe gekochtem Fleisch zubereitet und mit Sahne verfeinert.

Vorbereitungszeit: ***20 Minuten***
Zubereitungszeit: ***2 Stunden 10 Minuten***
Für 4 Personen

1 $^1/_2$ kg Kalbsschmorbraten, z. B. aus der Schulter
1 Karotte, geviertelt
1 kleine Zwiebel, geviertelt
1 Selleriestange, längs geviertelt
1 Bouquet garni (siehe Seite 63)
1 TL Salz
10 Pfefferkörner
500 ml kaltes Wasser
150 g Silberzwiebeln
Salzwasser
250 g Champignons, in Scheiben geschnitten
1 TL Zitronensaft
60 g Butter
30 g Mehl
300 ml Crème double
Salz und Pfeffer

1 Das Fleisch von überschüssigem Fett befreien. In 3 cm dicke Würfel schneiden. Zusammen mit Karotte, Zwiebel, Selleriestange, Bouquet garni, Salz und Pfefferkörnern in eine große feuerfeste Kasserolle (3 l Fassungsvermögen) geben. Mit Wasser bedecken, zum Kochen bringen, aufsteigenden Schaum abschöpfen. Bei mittlerer Temperatur ca. 1 $^1/_2$ Stunden sieden lassen, bis das Fleisch zart ist. Dabei regelmäßig Schaum abschöpfen. Wenn nötig, kochendes Wasser zufügen – das Fleisch muß immer von genügend Flüssigkeit bedeckt sein.

2 Die Zwiebeln 10 Minuten in Salzwasser kochen, gut abtropfen lassen und beiseite stellen. Die Champignons ca. 5 Minuten in 2–3 EL kochendem Salzwasser und im Zitronensaft andünsten, die Hälfte der Butter einrühren. Gut abgetropft zur Seite stellen.

3 Das Fleisch aus der Kasserolle nehmen. Die Kochflüssigkeit durch ein Sieb gießen, alle festen Bestandteile entfernen und weitere 30 Minuten kochen lassen, bis ungefähr zwei Drittel der Flüssigkeit verkocht sind. Überschüssiges Fett abschöpfen. Langsam abkühlen lassen. Die restliche Butter in einer Pfanne zerlassen, das Mehl einstreuen und 1 Minute andünsten. Die Kochflüssigkeit zugeben und bei geringer Hitze unter ständigem Umrühren kochen lassen, bis die Sauce dickflüssig ist. Crème double unterrühren, bis die Sauce glatt wird, nach Geschmack mit Salz und Pfeffer würzen.

4 Fleisch, Zwiebeln und Champignons zufügen und 5 Minuten sieden lassen. In einer tiefen Schüssel servieren.

Cassoulet

Heimat dieses berühmten gratinierten Schmortopfes ist die französische Region Languedoc. »Cassole« heißt der tönerne Topf, in dem dieses Gericht dort zubereitet wird. Welche Fleischsorten man auch wählt – unverzichtbar sind die weißen Bohnen, die die Zutaten binden.

Vorbereitungszeit: ***1,5 Stunden + 1 Nacht Einweichzeit***
Zubereitungszeit: ***4 Stunden 30 Minuten***
Für 4–6 Personen

250 g getrocknete weiße Bohnen, über Nacht in kaltem Wasser eingeweicht
Wasser
100 g frische Schweineschwarte
100 g Speck, in Scheiben
1/2 Karotte
1/2 Zwiebel, mit einer Gewürznelke gespickt
2 Bouquets garnis (siehe Seite 63)
1 Knoblauchzehe
40 g Schweineschmalz
200 g Lammschulter, ohne Knochen, in 8 Stücke geteilt
200 g Schweineschulter, ohne Knochen, in 8 Stücke geteilt
Salz und Pfeffer
1 kleine Zwiebel, gehackt
2 Tomaten, geschält, entkernt und in Würfel geschnitten oder 1 EL Tomatenmark
1 Knoblauchzehe, gepreßt
300 g frische Knoblauchwurst, in Scheiben geschnitten
4 kleine frische Schweinewürstchen
ca. 350 g vorgekochte Enten- oder Gänsekeule, ohne Knochen, in 2 Stücken
90 g frische Semmelbrösel

1 Den Backofen auf 180 °C (Gasherd: Stufe 2) vorheizen. Die eingeweichten Bohnen gut abspülen und in einem großen Topf mit reichlich frischem kaltem Wasser bedecken. Schweineschwarte und Speck zugeben und aufkochen lassen, dann vom Herd nehmen, abgießen und mit kaltem Wasser abschrecken. Erneut mit kaltem Wasser bedecken, wieder auf den Herd stellen, Karotte, Zwiebel, 1 Bouquet garni und Knoblauch zugeben. 1 1/2 Stunden sieden lassen.

2 Währenddessen 25 g des Schweineschmalzes in einer großen feuerfesten Kasserolle (4 l Fassungsvermögen) zerlassen. Darin die gesalzene und gepfefferte Lamm- und Schweineschulter anbräunen. Herausnehmen und beiseite stellen. Die gehackte Zwiebel in der Kasserolle andünsten, nicht anbräunen. Tomaten bzw. Tomatenmark, den gepreßten Knoblauch und das zweite Bouquet garni zufügen. Aufkochen lassen, bis Blasen aufsteigen, dann das Fleisch wieder in die Kasserolle geben. Mit Deckel 1–1 1/2 Stunden im Backofen backen. Das Fleisch wieder herausnehmen.

3 Die Ofentemperatur auf 160 °C (Gasherd: Stufe 1–2) verringern. Knoblauchwurst, Schweinewürstchen und Gänse- oder Entenkeule in die Kasserolle geben, auf der Herdplatte zum Sieden bringen, dann im Ofen 20 Minuten backen. Danach Keule und Würstchen in eine Schüssel geben und warm halten, die Sauce zur Seite stellen.

4 Die Bohnen abgießen und die Kochflüssigkeit zu der Sauce in die Kasserolle geben, Karotte und die beiden Bouquets garnis entfernen. Speck und Schweineschwarte herausnehmen, abkühlen lassen und in mundgerechte Stücke schneiden.

5 Eine große ofenfeste Form vorwärmen. Den Boden mit einem Teil der Schweineschwarte auslegen, darüber eine Schicht weiße Bohnen legen. Lammschulter, Schweineschulter, Würstchen, Geflügelkeule und ca. 250–375 ml der zurückbehaltenen Sauce zufügen. Darüber den Rest der Bohnen schichten und mit dem Speck, der restlichen Schweineschwarte und der verbliebenen Flüssigkeit bedecken. Mit Semmelbröseln bestreuen und mit dem restlichen zerlassenen Schmalz beträufeln. 1 Stunde backen, bis die Semmelbrösel leicht angebräunt sind, dann servieren.

Pökelfleisch mit Gemüse und Knödeln

Rosiges Pökelfleisch wird hier zusammen mit Zwiebeln, Karotten und weißen Rüben in einer schmackhaften Rinderbrühe gekocht. Die köstlichen Knödel, die wir Ihnen hier als Beilage empfehlen, können Sie natürlich auch zu anderen Schmorgerichten servieren.

Vorbereitungszeit: ***20 Minuten + 3 Stunden Einweichzeit***
Zubereitungszeit: ***4 Stunden 30 Minuten***
Für 6 Personen

1 kg gepökeltes Rindfleisch
Wasser, zum Einweichen und zum Kochen
Wasser, zum Kochen
1 Bouquet garni (siehe Seite 63)
6 Pfefferkörner
1/2 Zwiebel
6 Zwiebeln, geviertelt
4 große Karotten, geviertelt
2 weiße Rüben, geviertelt
2 TL frische Petersilie, gehackt

FÜR DIE KNÖDEL
230 g Mehl
2 TL Backpulver
1 Prise Salz
50 g Rindertalg oder Nierenfett, grobgerieben
120 ml kaltes Wasser

1 Das Rindfleisch in kaltem Wasser mindestens 3 Stunden einweichen lassen, dann gut abspülen.

2 Das Fleisch in einen großen Topf geben, mit Wasser bedecken und langsam zum Kochen bringen, dabei aufsteigenden Schaum abschöpfen.

3 Hitze reduzieren, Bouquet garni, Pfefferkörner und die halbe Zwiebel zugeben und mit Deckel 3 Stunden sieden lassen. Regelmäßig Fett und Schaum von der Oberfläche abschöpfen. Bouquet garni, Pfefferkörner und die halbe Zwiebel entfernen, die geviertelten Zwiebeln, Karotten und weißen Rüben zugeben und weitere 40 Minuten sieden lassen.

4 Unterdessen für die Knödel Mehl, Backpulver und Salz in eine Schüssel sieben und den Talg einrühren. In der Mitte eine Mulde formen, wenig Wasser zugeben und das Mehl unterziehen. Soviel Wasser zugeben, bis der Teig weich, aber nicht mehr klebrig ist. Den Teig geschmeidig kneten. Mit bemehlten Händen ca. 20 Knödel formen. In den Topf zu dem Fleisch geben und ca. 20 Minuten kochen lassen, bis sie an die Oberfläche aufsteigen und aufgegangen sind. Mit einem Schaumlöffel herausnehmen.

5 Das Rindfleisch in eine große Schüssel geben und das Gemüse und die Knödel ringsherum anrichten. Abdecken und warm stellen. Die Brühe ohne Deckel weitere 30 Minuten kochen lassen, wenn nötig, Fett abschöpfen. Über das Fleisch geben, mit Petersilie bestreuen.

Steaks »au poivre«

Der Ursprung des legendären französischen Pfeffersteaks ist unklar: Mindestens vier Küchenchefs nehmen für sich in Anspruch, diesen Klassiker zwischen 1905 und 1930 kreiert zu haben!

Vorbereitungszeit: ***10 Minuten***
Zubereitungszeit: ***30 Minuten***
Für 4 Personen

4 Rinderfilets oder Rumpsteaks, à 150–180 g
Salz
100 g geklärte Butter oder Öl (siehe Tip)
800 ml Rinder- oder Kalbsfond (siehe Seite 63)
50 g Zwiebel oder Schalotte, feingehackt
20 schwarze Pfefferkörner, zerstampft
2 1/2 EL Weißwein
2 1/2 EL Weinbrand
glatte Petersilie, zum Garnieren

1 Die Steaks salzen. In einer flachen Pfanne die geklärte Butter oder das Öl stark erhitzen. Die Steaks darin von jeder Seite 3–4 Minuten anbräunen, wenn sie innen rosa sein sollen, oder etwas länger, um sie Medium zu braten. Aus der Pfanne nehmen, mit Aluminiumfolie abdecken, um sie warm zu halten, und zur Seite stellen.
2 Den Fond in einem mittelgroßem Topf so lange kochen lassen, bis die Flüssigkeit um die Hälfte reduziert ist. Die Zwiebel oder Schalotte in der Bratpfanne 3–4 Minuten leicht anbräunen, dann die Pfefferkörner zugeben. Mit dem Wein und der Hälfte des Weinbrand abschrecken, aufkochen lassen, dabei mit einem Holzlöffel den Fleischsaft vom Boden der Pfanne lösen, alles gut mischen und 1 Minute lang sprudelnd kochen lassen, bis die Sauce eine sirupähnliche Konsistenz hat. Die Brühe unterrühren und zum Kochen bringen. 7 Minuten kochen lassen, bis die Sauce dickflüssig wird, dann den restlichen Weinbrand zufügen.
3 Die Steaks zurück in die Pfanne geben und in der Sauce 3–4 Minuten erhitzen, ohne sie erneut aufkochen zu lassen. Auf Portionstellern oder einem großen Vorlegeteller anrichten. Mit Petersilie garnieren und mit Pommes Frites oder Bratkartoffeln servieren.

Tip Geklärte Butter erreicht höhere Temperaturen als normale Butter, ohne dabei anzubrennen. Für 100 g geklärte Butter zerlassen Sie 180 g Butter in einem kleinen Topf bei geringer Hitze, ohne zu rühren oder den Topf zu schwenken. Schöpfen Sie den Schaum ab, und füllen Sie die klare Butter ohne den weißen Bodensatz in ein anderes Gefäß um. Abdecken und im Kühlschrank aufbewahren. Die geklärte Butter ist bis zu 4 Wochen haltbar.

Meeresfrüchte-Topf

Unerläßlich für diesen maritimen Schmortopf sind erstklassige frische Zutaten. Jakobsmuscheln, Garnelen und Champignons werden in Weißwein und Sahne gekocht und mit grünem Salat und knusprigem Weißbrot serviert.

Vorbereitungszeit: ***20 Minuten***
Zubereitungszeit: ***25 Minuten***
Für 4 Personen

16 Jakobsmuscheln, ohne Schale
16 rohe Riesengarnelen
1 große Schalotte, gehackt
250 ml Weißwein
1 Zweig frischer Thymian
1 kleines Lorbeerblatt
250 g Champignons, in Scheiben geschnitten
250 ml Crème double
Salz und Pfeffer
1 EL frische Petersilie, gehackt

1 Die Jakobsmuscheln von den dunklen Rändern befreien, die Garnelen schälen und den Darm entfernen, dabei die Schwänze ganz lassen. Die gehackte Schalotte, den Weißwein, Thymian und das Lorbeerblatt in einen großen, gut verschließbaren Topf geben. Aufkochen und 5 Minuten kochen lassen. Muscheln, Garnelen und Champignons zugeben. Bei reduzierter Hitze und geschlossenem Deckel 5–8 Minuten sieden lassen, bis die Muscheln und Garnelen noch fest, aber nicht mehr hart sind. Mit einem Schaumlöffel die Meeresfrüchte aus dem Topf nehmen und warm stellen.

2 Die Temperatur wieder erhöhen und die Sauce 5 Minuten lang kochen lassen. Crème double unterrühren und weitere 5 Minuten kochen lassen. Nach Geschmack mit Salz und Pfeffer würzen. Die Meeresfrüchte zurück in die Sauce geben und unter ständigem Umrühren 1 Minute lang erhitzen. Die Petersilie einrühren und servieren.

Kalbskoteletts nach Großmutter-Art

Nach Großmutters Art werden hier zarte Koteletts in eine rustikale Garnierung aus Zwiebeln, Speck, Champignons und Kartoffeln gebettet.

Vorbereitungszeit: ***30 Minuten***
Zubereitungszeit: ***1 Stunde 15 Minuten***
Für 4 Personen

4 EL Öl
30 g Butter
4 Kalbskoteletts, à ca. 200 g
250 g durchwachsener Speck, kleingewürfelt
300 g Champignons
300 g Silberzwiebeln
1 TL Zucker
800 g Kartoffeln
1 1/2 EL Weißwein
100 ml Rinder- oder Kalbsfond (siehe Seite 63)
100 ml Wasser
Salz und frisch gemahlener schwarzer Pfeffer

1 Den Backofen auf 170 °C (Gasherd: Stufe 2) vorheizen. In einer großen feuerfesten Kasserolle (3 l Fassungsvermögen) 1 EL Öl erhitzen, dann die Butter zugeben. Die Koteletts von jeder Seite 2–3 Minuten gut anbräunen. Herausnehmen und beiseite stellen. Mit dem Speck ebenso verfahren. Die Champignons unter gelegentlichem Rühren ca. 2 Minuten andünsten, herausnehmen und zur Seite stellen. In einer kleinen Pfanne die Zwiebeln mit dem Zucker goldbraun anbraten, dabei gelegentlich umrühren. Vom Herd nehmen und beiseite stellen.

2 Die Kartoffeln schälen und mit einem Melonenausstecher kleine Kugeln ausstechen. Das restliche Öl in einer Bratpfanne erhitzen und die Kartoffelkugeln darin goldbraun braten, anschließend auf Küchenpapier abtropfen lassen.

3 Den Wein in die Kasserolle geben und gut umrühren, dabei die Fleischsäfte vom Boden lösen und mit dem Wein mischen. So lange kochen, bis die Flüssigkeit um drei Viertel reduziert ist. Den Fond und das Wasser zugeben, aufkochen und so lange kochen lassen, bis sich die Flüssigkeit um die Hälfte verringert hat.

4 Fleisch und Gemüse wieder in die Kasserolle geben und in der Flüssigkeit schwenken. Mit Salz und Pfeffer würzen. Zugedeckt ca. 30–40 Minuten backen, bis die Koteletts zart sind. Sofort servieren.

Rindfleisch-Curry

In der asiatischen Küche spielen Schmorgerichte eine große Rolle. Dieses pikante Curry, mit dunklem, aromatisch gewürztem Fleisch, servieren Sie am besten mit Basmati-Reis und Mango-Chutney.

Vorbereitungszeit: ***20 Minuten***
Zubereitungszeit: ***2 Stunden***
Für 4 Personen

750 g Rinderschmorbraten
2 EL geklärte Butter oder Öl
1 große Zwiebel, in dünne Ringe geschnitten
1 Knoblauchzehe, gepreßt
2 grüne Chilischoten, entkernt und in Scheiben geschnitten
1/4 TL Gewürznelken, gerieben
1 1/2 TL Koriander, gerieben
1 TL Kurkuma, gerieben
1 TL Garam Masala
1/2 TL Chilipulver
1 1/2 TL Kreuzkümmel, gerieben
1 TL Salz
375 ml Rinder- oder Kalbsfond (siehe Seite 63)
2 große Tomaten, gehäutet und kleingeschnitten
150 ml Kokosmilch
200 g Blattspinat
Salz und Pfeffer
100 g Naturjoghurt, glattgerührt

1 Das Fleisch von Fett und Sehnen befreien und in mundgerechte Würfel schneiden. Die geklärte Butter oder das Öl bei großer Hitze in einer feuerfesten Kasserolle (2,5 l Fassungsvermögen) erhitzen. Die Fleischwürfel portionsweise ca. 3 Minuten anbräunen, dann herausnehmen und zur Seite stellen. Zwiebel und Knoblauch in der Kasserolle 2–3 Minuten weich dünsten. Die Temperatur verringern, Chillies, Nelken, Koriander, Kurkuma, Garam Masala, Chilipulver, Kreuzkümmel und Salz einrühren. Unter ständigem Rühren ca. 2 Minuten andünsten. Wenn die Gewürze anzubrennen drohen, ein paar Teelöffel Fond zugeben.

2 Die zerkleinerte Tomate und das Fleisch zugeben. Die Kasserolle mit dem Fond bis knapp unter die obere Fleischschicht auffüllen, zum Kochen bringen. Mit Deckel 1 Stunde 20 Minuten bei geringer Hitze kochen lassen oder im Backofen bei 170 °C (Gasherd: Stufe 2) backen. Wenn das Curry zu trocken wird, etwas Fond nachfüllen. Sobald das Fleisch zart ist, Kokosmilch und Spinat zugeben und nochmals 10 Minuten kochen lassen. Nach Bedarf abschmecken.

3 Kurz vor dem Servieren den Joghurt unterrühren.

Hühnerschmortopf mit Estragon und Tomaten

Dieses Rezept stammt aus Lyon, der gastronomischen Hauptstadt Frankreichs, nahe den Weinbergen Burgunds.

Vorbereitungszeit: ***20 Minuten***
Zubereitungszeit: ***45 Minuten***
Für 4 Personen

1 Huhn, ca. 1,2 kg
Salz und Pfeffer
Öl oder Butter, zum Braten
200 ml Estragonessig (siehe Tip)
1 kg Tomaten
kochendes Wasser, zum Enthäuten
1 EL weiche Butter
1 EL Mehl
1 frischer Estragonzweig, zum Garnieren

1 Das Huhn in vier oder acht Teile zerlegen, wie auf S. 62 beschrieben, und nach Geschmack salzen und pfeffern. Ein wenig Öl oder Butter in einer Pfanne erhitzen und die Hühnerteile von allen Seiten bräunen, zuerst mit der Hautseite nach unten. Um die Pfanne nicht zu überfüllen, das Fleisch portionsweise anbraten. Aus der Pfanne nehmen und überschüssiges Fett aus der Pfanne abgießen.

2 Alle Hühnerteile wieder in die Pfanne legen, die Hälfte des Estragonessigs darüber geben und mit geschlossenem Deckel 10 Minuten sieden lassen. Dann das Fleisch wenden und weitere 10 Minuten zugedeckt sieden lassen, bis bei einem Einstich mit einer Gabel der austretende Fleischsaft klar ist. Die Hühnerteile aus der Pfanne nehmen, die Pfanne zudecken und die Sauce warm stellen.

3 Die Tomaten auf der unteren Seite kreuzförmig einschneiden und 10 Sekunden in kochendes Wasser geben. Mit kaltem Wasser abschrecken und vom Einschnitt aus die Haut abziehen. Halbieren, entkernen und anschließend achteln. Den restlichen Essig 4 Minuten in einem Topf kochen lassen. Die weiche Butter und das Mehl miteinander mischen, in den eingekochten Essig rühren und alles zusammen unter die Sauce ziehen. Die Hühnerteile wieder in die Sauce geben, die Tomaten zufügen und 10 Minuten sieden lassen, bis die Sauce an einem Löffelrücken haften bleibt. Nach Wunsch erneut pfeffern und salzen. Den frischen Estragon erst kurz vor dem Servieren hacken, dann sofort über den Schmortopf geben. Mit Reis servieren.

Tip Estragonessig ist leicht selbst herzustellen: Geben Sie einen Zweig frischen Estragon in gewöhnlichen Weiß- oder Rotweinessig. Nach einer Woche den Essig durch ein Sieb umfüllen, und er ist fertig. Natürlich können Sie auch mit allen anderen Gewürzen Ihrer Wahl so verfahren.

Kalbskoteletts mit Chablis »en cocotte«

Eine Cocotte ist eine runde oder ovale Auflaufform, in der traditionell langsam schmorende Gerichte zubereitet wurden. Heute bedeutet »en cocotte«, daß Fleisch zunächst braun angebraten und dann in einer Sauce bei geringer Hitze im Backofen oder auf dem Herd gegart wird.

Vorbereitungszeit: ***15 Minuten***
Zubereitungszeit: ***50 Minuten***
Für 4 Personen

4 Kalbskoteletts, à 200 g
Salz und Pfeffer
60 g Butter
300 g Kalbsknochen
250 ml Chablis (trockener frz. Weißwein)
500 ml Wasser
1 Bouquet garni (siehe Seite 63)
70 g durchwachsener Speck, feingewürfelt
1 kleine Zwiebel, feingehackt
1 Karotte, feingewürfelt
1 weiße Rübe, feingewürfelt
1 EL frische Petersilie, feingehackt

1 Die Kalbskoteletts mit Salz und Pfeffer würzen. In einer großen Pfanne bei mittlerer Hitze zwei Drittel der Butter zerlassen und die Koteletts von beiden Seiten 2–3 Minuten bräunen, dann auf einen Teller geben. Die Knochen in der Pfanne bräunen und die Koteletts wieder zugeben. Den Deckel aufsetzen, die Hitze reduzieren und sachte von beiden Seiten 4 Minuten dünsten lassen. Die Koteletts und die Knochen auf den Teller zurücklegen und beiseite stellen. Die Temperatur erhöhen und den Bratensaft unter ständigem Rühren 3–4 Minuten köcheln lassen, bis er auf dem Pfannenboden karamelisiert. Die Knochen in ein Sieb geben und überschüssiges Fett abtropfen lassen, dann zurück in die Pfanne legen. Den Chablis zugießen und gut umrühren, bis sich der Bratensaft auflöst. Ca. 5 Minuten köcheln lassen, bis die Flüssigkeit um drei Viertel reduziert ist. Wasser und das Bouquet garni zugeben und 30 Minuten sieden lassen. Die Sauce in ein Gefäß seihen, die Knochen und das Bouquet garni entfernen.

2 In der Zwischenzeit die restliche Butter in einer zweiten Pfanne zerlassen und den Speck darin 2–3 Minuten bräunen. Zwiebel und Karotte zugeben und weitere 2 Minuten köcheln lassen, dann die Rübe zufügen. Die Temperatur reduzieren und mit Deckel 8 Minuten köcheln lassen.

3 Die Sauce über das Gemüse geben, aufkochen und 10 Minuten kochen lassen. Die Koteletts in die heiße Sauce legen und bei verminderter Hitze ca. 5 Minuten sieden lassen, bis das Fleisch wieder erwärmt ist. Mit der gehackten Petersilie bestreuen und sofort servieren.

Lammgulasch in Tomatensauce

Ideale Beilage zu diesem schmackhaften Lammschmorgericht mit Knoblauch, Speck und Tomaten sind Reis oder frische Nudeln.

Vorbereitungszeit: ***25 Minuten***
Zubereitungszeit: ***1 Stunde 45 Minuten***
Für 4 Personen

1,2 kg Lammschulter, ohne Knochen, in mundgerechte Stücke geschnitten
Salz und Pfeffer
2 EL Öl
40 g Butter
60 g durchwachsener Speck
1 kleine Zwiebel, gehackt
1 kleine Karotte, gehackt
2 EL Tomatenmark
1 EL Mehl
500 g Tomaten, gehäutet, entkernt und zerkleinert
1 Bouquet garni (siehe Seite 63)
4 Knoblauchzehen, gehackt
500 ml Rinder- oder Kalbsfond (siehe Seite 63) oder Wasser
1 EL frische Petersilie oder Basilikum, gehackt

1 Den Ofen auf 180 °C (Gasherd: Stufe 2) vorheizen. Das Fleisch mit Salz und Pfeffer würzen. Das Öl bei mittlerer Hitze in einer gußeisernen Pfanne erhitzen und das Fleisch portionsweise jeweils 6–8 Minuten von allen Seiten gut anbräunen. Auf Küchenpapier abtropfen lassen.

2 Bei mittlerer Hitze die Butter in einer großen feuerfesten Kasserolle (3 l Fassungsvermögen) zerlassen. Speck zugeben und goldbraun braten. Zwiebel und Karotte zufügen und 3 Minuten andünsten. Tomatenmark einrühren und weitere 2 Minuten köcheln lassen. Mit dem Mehl bestäuben und 5 Minuten zugedeckt schmoren lassen. Vom Herd nehmen und das Mehl unterrühren. Tomaten, Bouquet garni und Knoblauch zufügen. Wieder auf die Herdplatte stellen und unter ständigem Rühren 5 Minuten köcheln lassen, dann den Fond oder das Wasser zugeben. Zum Kochen bringen, dabei ständig umrühren. Das Fleisch wieder in die Kasserolle geben und 1 Stunde im Backofen backen.

3 Fleisch aus der Sauce nehmen, abdecken und warm stellen. Die Sauce durch ein feines Sieb gießen, dann in einen Topf geben.

4 Die Sauce aufkochen lassen, falls nötig, Schaum abschöpfen. 10 Minuten sieden lassen, bis sie so dick ist, daß sie an einem Löffelrücken haften bleibt. Fleisch hineingeben und unter Umrühren warm werden lassen. Nach Wunsch abschmecken. Mit Petersilie oder Basilikum garnieren und servieren.

Praktische Tips

Ein Huhn tranchieren

Ein fachgerecht tranchiertes Huhn schmeckt oft besser als einzeln gekaufte Teile. Sie können das Huhn nach Bedarf in vier oder acht Stücke teilen.

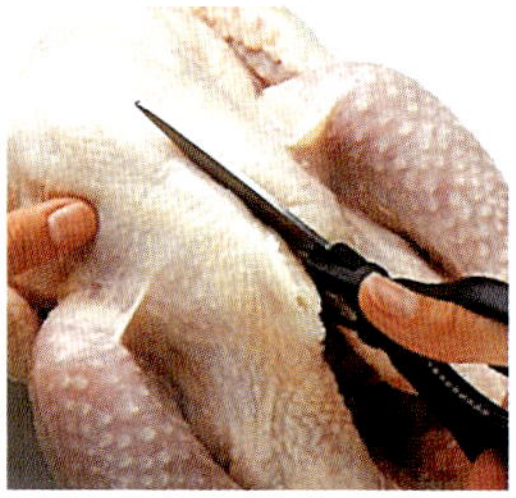

Mit einer Küchenschere längs durch das Brustbein schneiden.

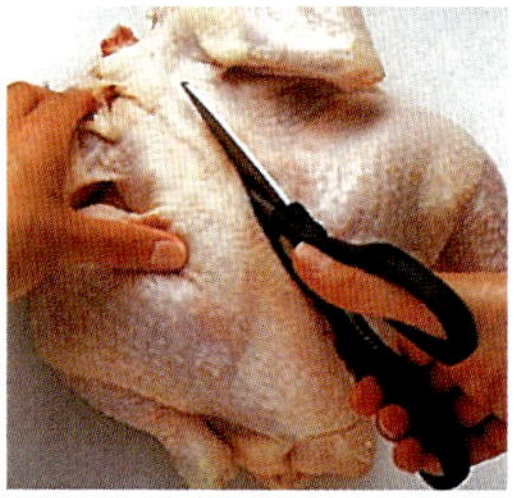

Das Huhn wenden und beidseitig entlang des Rückgrats schneiden, um es vollständig entfernen zu können. Es sollte sich in einem Stück lösen.

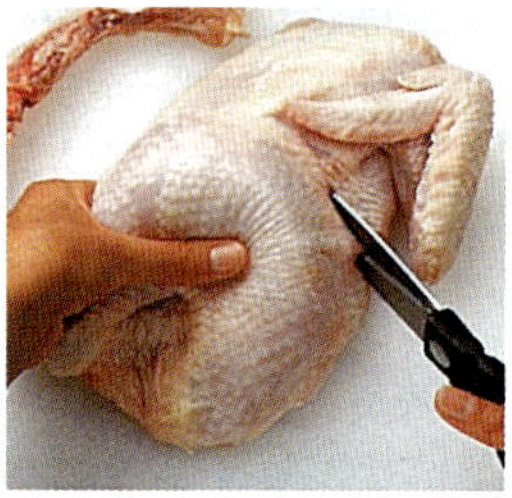

Den natürlichen Konturen des Oberschenkels folgend, Brust und Flügel vom Bein trennen.

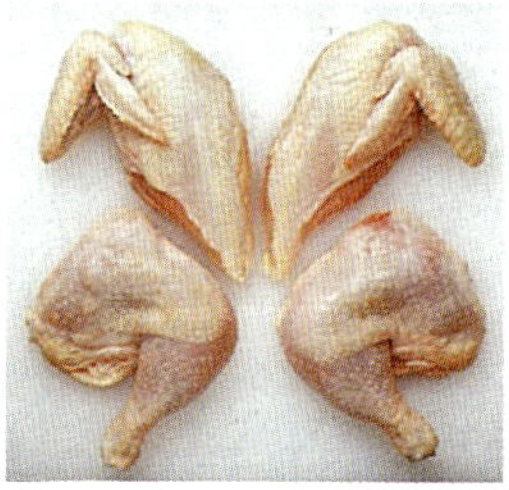

Mit der anderen Hälfte ebenso verfahren, um vier Teile zu erhalten.

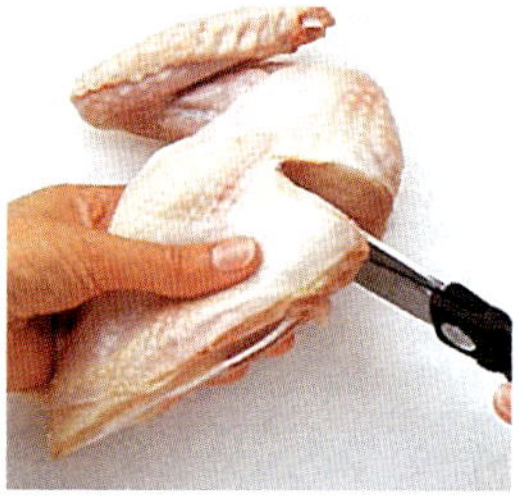

Brust und Flügel so voneinander trennen, daß zwei gleichgroße Stücke entstehen. Jetzt können auch die Flügelspitzen abgeschnitten werden.

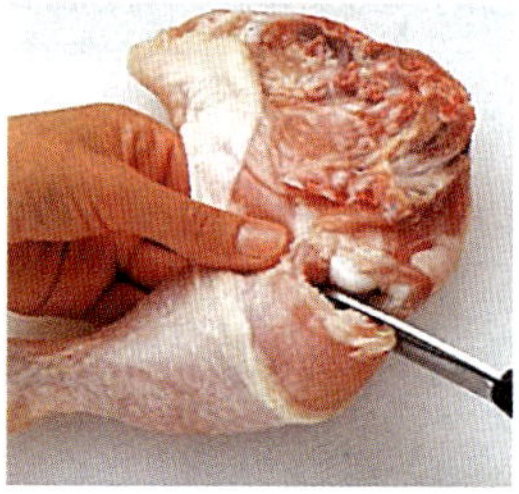

Um das Bein zu teilen, einfach durch das Gelenk schneiden.

Acht gleichmäßig große Hühnerteile sind das Ergebnis.

Hühnerbrühe zubereiten

Selbstgemachte Hühnerbrühe ist die Grundlage für viele Gerichte.

750 g Hühnerknochen und -rumpf klein schneiden, mit je einer grobgehackten Zwiebel, Karotte und Selleriestange in einen Topf geben. 6 Pfefferkörner, ein Bouquet garni und 4 Liter kaltes Wasser zugeben.

Zum Kochen bringen, die Brühe 2–3 Stunden sanft köcheln lassen, dabei den Schaum von der Oberfläche abschöpfen. Die Brühe durch ein Sieb in eine Schüssel gießen und abkühlen lassen.

Über Nacht kalt stellen, dann das Fett abschöpfen. Ist keine Zeit zum Kühlen, das Fett von der Oberfläche der durchgeseihten heißen Brühe mit Küchenpapier abziehen. Ergibt 1,5–2 Liter Brühe.

Fleischfond zubereiten

Durch das Anrösten der Knochen erhält der Fond seine schöne Farbe und wird weniger fett.

1,5 kg Rinder- oder Kalbsknochen 40 Minuten im Backofen bei 230 °C (Gasherd: Stufe 4) anrösten. Nach 20 Minuten eine geviertelte Zwiebel, zwei Karotten, eine Lauch- und eine Selleriestange, jeweils kleingehackt, zufügen.

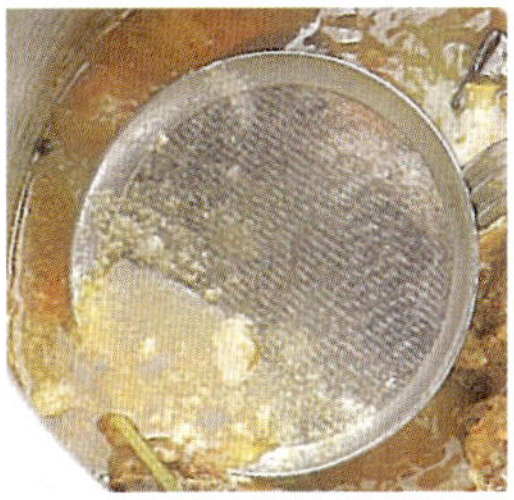

In einen Topf geben, 4 Liter kaltes Wasser, 2 Eßlöffel Tomatenmark, ein Bouquet garni und 6 Pfefferkörner zufügen. 3–4 Stunden köcheln lassen, regelmäßig Schaum abschöpfen.

Die Brühe durch ein feines Sieb in eine Schüssel gießen. Dabei Knochen und Gemüse sanft pressen, damit die gesamte Flüssigkeit in die Schüssel gelangt. Im Kühlschrank abkühlen lassen, Fett abschöpfen. Ergibt 1,5–2 Liter.

Brühe einfrieren

Brühe hält sich im Kühlschrank 3 Tage, eingefroren sogar 6 Monate.

Die fertige Brühe (s. o.) so lange kochen lassen, bis sie sich auf 500 ml reduziert hat. Abkühlen lassen und in einen Gefrierbeutel geben, verschließen und einfrieren. Um 2 Liter Brühe zu erhalten, 1,5 Liter Wasser zu dem Konzentrat geben.

Bouquet garni

Ein frisch gebundenes Bouquet garni verleiht Ihrem Gericht das großartige Aroma frischer Kräuter.

Ein Lorbeerblatt, einen Thymianzweig, einige Sellerieblätter und Petersilienzweige in das Grün einer Lauchstange einwickeln und mit Garn zusammenbinden. An einem langen Faden in den Topf hängen.

Register

Originaltitel: Le Cordon Bleu – Casseroles & One-Pots

Managing Editor: Kay Halsey

Series Concept, Design and Art Direction: Juliet Cohen

Der Verlag und Le Cordon Bleu danken Carole Sweetnam für ihre Hilfe bei dieser Reihe ebenso wie den 32 Meisterköchen der Cordon Bleu Schulen, deren Kenntnisse und Erfahrungen dieses Buch möglich gemacht haben, besonders: Cliche (MOF), Terrien, Boucheret, Duchêne (MOF), Guillut, Steneck, Paris; Males, Walsh, Hardy, London; Chantefort, Bertin, Jambert, Honda, Tokyo; Salembien, Boutin, Harris, Sydney; Lawes, Adelaide; Guiet, Denis, Ottawa.

h.f.ullmann ist ein Imprint der Tandem Verlag GmbH

Übersetzung aus dem Englischen für Birgit Beyer: Karoline Apel
Redaktion und Satz der deutschen Ausgabe: Birgit Beyer, Köln
Lektorat für Birgit Beyer: Ralph Henry Fischer, Köln
Projektkoordination: Sylvia Hecken

Printed in China

ISBN 978-3-8331-4644-2

10 9 8 7 6 5 4 3 2 1
X IX VIII VII VI V IV III II I

WICHTIGE INFORMATIONEN

HINWEIS: Bei unseren Gerichten verwenden wir Eßlöffel mit der Füllmenge von 20 ml (= 4 Teelöffel). Wenn Sie 15-ml-Eßlöffel benutzen, fügen Sie bei Backpulver, Mehl, Gelatine und Soda bitte einen zusätzlichen Teelöffel hinzu. Bei den meisten anderen Zutaten ist der Unterschied bedeutungslos.

WICHTIG: Um einer eventuellen Salmonellen-Erkrankung vorzubeugen, sollten Sie für alle Gerichte stets frische Eier verwenden.